D1291277

EPITAFIOS
IMITACIÓN
AFORISMOS

COLECCIÓN CLÁSICOS CUBANOS

EDICIONES UNIVERSAL, Miami, Florida, 1994

SEVERO SARDUY

EPITAFIOS

IMITACIÓN
AFORISMOS

··EDICIONES UNIVERSAL

Primera edición, 1994

EDICIONES UNIVERSAL
P.O. Box 450353 (Shenandoah Station)
Miami, FL, 33245-0353. USA
Tel: (305)642-3234   Fax: (305)642-7978

Library of Congress Catalog Card No.: 93-70880

I.S.B.N.: 0-89729-678-8

Todos los dibujos de cubiertas e interiores por Ramón Alejandro
Colección de Marta O. Salvat

Ediciones Universal agradece la colaboración de Ramón
Alejandro y Gladys Zaldívar en el cuidado de esta edición,
y el aporte a los estudios biográficos sobre Severo Sarduy
de Concepción T. Alzola. Hemos respetado los textos y
revisiones del propio autor, fallecido antes de la
publicación.

ÍNDICE

EPITAFIOS

EPITAFIOS

I

Yace aquí, sordo y severo
quien suelas tantas usó
y de cadera abusó
por delantero y postrero.
Parco adagio —y agorero—
para inscribir en su tumba
—la osamenta se derrumba,
oro de joyas deshechas—:
su nombre, y entre dos fechas,
«el muerto se fue de rumba».

II

Aquí reposa burlón,
ángel de la jiribilla,
el mago de la cuartilla
y hasta del más puro son.
Un trago de ron peleón,
un buen despojo, una misa
y un brindis seco y sin prisa
para aplacar a los dioses
ausentes, sino feroces:
¡Al que se murió de risa!

III

Volveré, pero no en vida,
que todo se despelleja
y el frío la cal aqueja
de los huesos. ¡Qué atrevida
la osamenta que convida
a su manera a danzar!
No la puedo contrariar:
la vida es un sueño fuerte
de una muerte hasta otra muerte,
y me apresto a despertar.

IV

A Rafael Rosado

Un epitafio discreto
pero burlón nos hermana
ante la nada cercana
que ya no tiene secreto
para nosotros. Decreto
de una deidad rezagada
que se vengó. Apolismada
quedarás, vuelta ceniza;
un coágulo por camisa:
muerta pero no olvidada.

V

Qué remolona eres, muerte
para asestar tu castigo
—aquí reposa un testigo—.
Asombra, y hasta divierte
verte laboriosa y verte
parca, desaparecer.
Al goce de obedecer,
a la vértebra jocosa
cerco de ceniza acosa:
ese es tu modo de ser.

VI

Feroz, como un latigazo
de podredumbre y andrajo,
el violento escupitajo
de la muerte. No hay abrazo
más fiel ni a más largo plazo.
Dos fechas como sudario
de estilo seco y sumario:
mi confesión y anatema.
Joya, colofón y emblema
del barroco funerario.

VII

Que den guayaba con queso
y haya son en mi velorio;
que el protocolo mortuorio
se acorte y limite a eso.
Ni lamentos en exceso,
ni Bach; música ligera:
La Sonora Matancera.
Para gustos, los colores:
a mi no me pongan flores
si muero en la carretera.

IMITACIÓN

IMITACIÓN

En la interior bodega
de mi Amado bebí, y cuando salía
por toda aquesta bega
ya cosa no sabía y el ganado
perdí que antes seguía.

San Juan de la Cruz,
Cántico espiritual, 26.

Médula que florece,
hueso que goza de la torpe mano
y así menos padece
del cuerpo tan cercano
que solicita y que suplica en vano.

Si otorgar decidiste
lo que tanto mi sed encarecía,
con tal maña lo hiciste
que apenas si sabía:
cerveza trabajada en mí fluía.

Logrado su disfrute,
aceza el deseoso y desfallece;
que un testigo lo escrute
si otro lo compadece
cuando finge que añora y que perece.

Bálsamo no reclamo,
ni alcohol que me sosiegue y restituya
el sello de lo que amo.
En todo lo que fluya
acecho quedará y presencia tuya.

El ámbar que me baña,
opaca transparencia que espejea,
no macula ni daña.
Lo que más se desea:
que el ser de su retiro escape, y sea.

En menos te deslizas
de lo que canta un gallo con premura,
y penetrando atizas
cuando el alba fulgura
lo que no cicatriza ni sutura.

Lacre rojo tu huella,
en la sangre cifrada tu escritura;
la firma que la sella,
la muerte que conjura
en tu fuerza se funda y configura.

El sol en su declive
los metales lastima y enrojece;
la curva que describe
cuando la luz decrece
en tu cuerpo se invierte y amanece.

Ya nada me intimida:
llaga ni lancinante quemadura,
ni a mi tacto convida
la tersa vestidura
porque sé que es irreal y que no dura.

Lo que viste tu pecho:
el músculo en tensión y movimiento,
y le sirve de lecho
al soplo, y de sustento
a la vida, al ritmo y al aliento.

Acude a mi desvelo,
no me prives de todo lo que añoro;
no concibo más cielo
que el cielo donde imploro
de tu cuerpo la fuerte lluvia de oro.

AFORISMOS

I

El Instructor aconsejaba: «No seguir ningún guía, no adoptar los preceptos de ninguna religión ni secta, descartar toda autoridad espiritual o moral. Ni sentimientos, que robustecen el yo y enajenan, ni utopías, cualquiera que sea su matiz. Al gurú, darle la espalda, para que surja la libertad.»

Aplicaron su enseñanza al pie de la letra: tampoco a él lo siguieron.

Hoy en día, de regreso de ese laborioso comercio con la vacuidad, son negociantes ávidos, adictos a la usura, siniestros vendedores de seguros. Afiliados a sectas compulsivas, repiten día y noche, hasta caer exhaustos, ante un altarito desplegable de franca procedencia nipona, mantras estrafalarios, que auspician la prosperidad de la empresa y acrecentan el capital.

Seguros, esta vez, de estar en la Verdad.

II

Escritos en el exilio, en el desvelo, tantos libros que nadie ha leído; tantos cuadros, minuciosos hasta la ceguera, que no compró ningún coleccionista ni museo alguno solicitó; tanto ardor, que no calmó ningún cuerpo.

«Mi vida —me digo en un balance prepóstumo— no ha tenido *telos*, no ha brindado el espacio en que se despliega un destino.»

Pero de inmediato rectifico. «Sí lo ha tenido. ¿Cómo no ver en esta sucesión de frustraciones, de fracasos, enfermedades y abandonos, el golpetazo reiterado de la mano de Dios?»

III

Rogamos, simplones y testarudos, para que los dioses abandonen su reserva y se manifiesten. Añoramos milagros, éxtasis, aportes de objetos inexplicables, perfumes, resurrecciones, sentimiento de Su presencia. O simplemente una armonía, una razón.

Misticismo ingenuo. Ya que el ser de la divinidad es *precisamente* lo no manifiesto, lo que no tiene acceso al mundo de los fenómenos ni a la percepción. Ni siquiera como presencia inmaterial o «intuición» de lo místico. Les pedimos, en definitiva, que renuncien a su esencia y *sean* en la nuestra, que es la mirada.

Pero es inútil.

No abandonan jamás esa *noche*, ese hueco negro que, para siempre, los devoró.

IV

A pesar de todo, sigo creyendo en Dios. ¿A quién pedir, sino, que maldiga a más de uno?

V

Morandi: esas botellas enyesadas, esos búcaros sordos nos llegan, caen, si así puede decirse, de la noche de lo no manifiesto. Han depuesto por un momento su firme reticencia a lo visible, su principio absoluto: no aparecer.

Pronto regresan a su caos, maltrechos por esa breve residencia en la mirada, refractarios al brillo chillón del día, a la nitidez de todo dibujo, al estampido del color. A la luz.

VI

La obra de arte, excepcional o no, requiere adjetivos brillantes, sorpresas sintácticas, invención o juego de palabras: todo un despliegue técnico cuya finalidad es deslumbrar al lector.

La obra sublime —esa que nos otorga un instante la *noche* y lleva la traza de su larga estancia en el no ser— al contrario, es más bien rudimentaria, inhábil, veteada de asperezas, apagada, siempre mate.

Así, el *Cántico espiritual* contiene la cacofonía más repelente de la historia de la lengua castellana: *un no sé qué que quedan balbuciendo*.

Poco importa. Dios, que dictó los otros versos, borró ese gagueo. Y de un soplo.

VII

Marcel Duchamp, John Cage, Octavio Paz: se trata de imitar la naturaleza. Pero, por supuesto, no en su apariencia —proyecto del realismo ingenuo— sino en su *funcionamiento*: utilizar el caos, convocar el azar, insistir en lo imperceptible, privilegiar lo inacabado. Alternar lo fuerte, continuo y viril, con lo interrumpido y femenino. Teatralizar la unidad de todos los fenómenos. Olvidar el resto. Pero no hay resto.

VIII

Cioran, hay que reconocerlo, está desilusionado de todo. Desengañado. De regreso. Harto del Hombre y sus criminales iniciativas, de la Literatura y sus astucias, del mundillo parisino y sus intrigas.

Vive solo. Nunca ve a nadie ni concede entrevistas. Publica muy poco. Cuando se le habla es muy amable pero nunca elocuente.

Hay sin embargo, cuando se le lee con atención, algo que se impone como una evidencia: la calidad y justeza de su estilo, la elegancia —inspirada en el siglo XVIII francés— de sus frases, como si esos breves aforismos que constituyen su obra estuvieran cincelados por el insomnio y la perfección que de él emana con frecuencia, tallados una y otra vez. Hay, pues, más allá de la desesperanza total, algo que persiste, una fe. En el lenguaje y sus facultades, en la palabra.

Hay que interpretar, en función de lo precedente, el silencio final del Buda.

ESTUDIOS SOBRE SEVERO SARDUY

LA PERSONA SEVERO SARDUY

Concepción Teresa Alzola

El artista adolescente

Todos cuantos lo conocieron están de acuerdo en que la cualidad física sobresaliente de Severo Sarduy fue su pulcritud.

Era limpio, bello (para quienes amábamos su tipo de belleza) y presumido. De modales pausados (hecho tan extraordinario en un cubano); de manos bien formadas y fuertes que acompañaban cuanto decía, pero no en el típico revoloteo criollo, sino en una forma mesurada, como quien medita una respuesta divergente o reordena los pliegues de su falda. Su piel tenía un tinte marfileño; sus ojos eran algo «prendidos», usaba el pelo tan corto que resultaba difícil saber si era rizo o lacio.

Hablaba a media voz, con un acento ligeramente laringonasal, pronunciando con esmero las palabras, según el uso de su tierra camagüeyana. Al escuchar, inclinaba un poco la cabeza hacia un lado, el derecho, y enarcaba la ceja del lado contrario, como para comprender mejor. Esta característica un poco «voz de su amo», esta capacidad de atender reflexivamente lo que se le decía y sopesarlo, lo hacía un interlocutor incomparable.

Como era un voraz lector, siempre andaba en compañía de un libro, pero no lo llevaba bajo el brazo, a la usanza de quienes sólo conocen la literatura de sobaco, sino que lo sostenía contra su pecho, con ambas manos, y eso le daba un aire reverente, de monje budista.

Severo llegó a la Habana en los finales de la República, para estudiar Medicina. Por no dejarlo solo, poder acompañarlo en la «urbe llena de acechanzas», su madre y su hermana, y enseguida su padre, se trasladaron con él a la capital y alquilaron un modesto apartamentico por una de las tantas calles habaneras (¿San Miguel, Gervasio?) cercanas a la Universidad bicentenaria.

Fue allí donde debemos de habernos conocido, porque en el primer recuerdo que se me presenta, Severo viste una bata blanca de profesional. Iba o venía de clases. Y el encuentro debe de haber tenido lugar en una de las cafeterías estudiantiles, la de la Federación de Estudiantes o la de la Escuela de Derecho. (Aunque también, «extramuros», en la socorrida cafetería de la esquina de L y 27).

Ya el joven poeta había contactado algunas de las revistas literarias habaneras (ésas que cierta vez se dijo que no existían) y algunos de sus poemas habían aparecido en «Ciclón». Orgulloso, pero sin vanidad, mostró el montoncito de papeles que traía rehundidos en un bolsillo de la bata médica...

Eran poemas breves, límpidos, a lo Marianao Brull. Y tanto me gustaron que seguimos juntos todo el día, para arriba y para abajo hasta bien entrada la noche.

A su casa me le aparecí, esa misma semana, con un álbum para pegar recortes, porque me pareció absurdo que poemas tan buenos vivieran en un bolsillo. Además, al visitar por primera vez la casa modesta del poeta había comprendido que aquella familia no estaba dispuesta a distraer un solo centavo en algo que no fuera el empeño común: darle carrera al primogénito. Este episodio del álbum tendría una resonancia insospechada.

Visita del antro

Por aquella época, había yo alquilado parcialmente un sótano en un edificio que estaba situado por el barrio de La Copa, a un costado del balneario universitario, en Miramar. La primera parte del sótano estaba ocupada por una carpintería y al fondo existía una pieza mínima, aunque con baño, que yo llamaba pomposamente «mi estudio» y que fui acondicionando poco a poco con ayuda del carpintero.

Me levantaba tarde, en aquella época feliz y me iba allí a trabajar en mis papeles y organizarlos, hasta que llegara la hora de marcharme a la escuela nocturna donde trabajaba. Cuando me cansaba, me iba al balneario, a contemplar el mar, o iba a tomar un refresco en la terraza al aire libre de la cafetería Lisboa, que me quedaba enfrente.

Severo era visita casi diaria de El Antro, como alguien había bautizado mi estudio, y pasamos allí muchas tardes, o en el Lisboa. Esa escena que se describe en *Gestos*, cuando los protagonistas se comunican colocando uno la mano abierta sobre el cristal de la mesa, y otro la mano por debajo:

«Es él quien habla. Sus manos reposan abiertas sobre el grueso cristal de la mesa, bajo el cual ella pone en sentido inverso las suyas, hasta que ambas parecen una sola, el reflejo de una mano sobre sí misma»

era nuestra forma habitual de saludarnos.

Fue en El Antro donde Severo leyó el manuscrito de mi relato *Firpo* y me dijo que si quería que él escribiera la solapa delantera (en la posterior se imprimirían juicios de intelectuales conocidos sobre otros libros míos). Generalmente, los escritores noveles procuran que sus solapas, prólogos, introducciones, etc. las escriban figuras respetadas, que atraigan la atención sobre el libro y lo avalen. En aquel momento, Severo era sólo un poeta joven, recién llegado de provincias, pero la idea de que escribiera la solapa me pareció maravillosa. Ya en esa nota, con tanta mención de surrealistas franceses, podía apreciarse cuál era el rumbo de las preferencias de Severo. Andando el tiempo, su opinión prestigiaría mi relato como la que más.

Es imposible narrar todos y cada uno de mis recuerdos de la vida habanera de Severo Sarduy, porque una amistad tan estrecha y honda, podría originar una relación inacabable.

Enfrentada a la necesidad de escoger, el suceso quizás más dramático de esa época tuvo lugar a fines del año 58, cuando en plena dictadura batistiana, un día se apareció Severo en mi estudio con un coterráneo suyo que venía huyendo de la policía y el BRAC, el Buró de Represión de Actividades Comunistas. El hombre, de cabellos castaño claro y ojos azul verdosos (más de mi edad que de la de Severo) había estado trasmitiendo por la radio camagüeyana opiniones que se consideraron subversivas, contó, y levantándose por detrás la camisa, me mostró la espalda, destrozada a planazos de machete. Me pedía asilo por una noche, y se llamaba (luego también gran amigo) Rolando Escardó.

Comienza la separación

Tras la revolución castrista, Severo y yo nos vimos en contadas ocasiones, una de ellas la Feria del Libro del año 59, de cuya propaganda en la prensa me encargó Carpentier, y uno de cuyos primeros entrevistados fue el joven poeta.

Ese mismo año el Ministerio de Educación convocó a oposiciones para cubrir una serie de plazas de profesores de Institutos de Segunda Enseñanza. Aunque pude pasarlas, como ya yo tenía visibles discrepancias con las ideas que comenzaban a ser «oficiales», fui a parar nada menos que a los institutos de Bayamo, primero, y a continuación Santiago. Esto, naturalmente, dificultaba el contacto con amigos que permanecían en la capital. Luego obtuve, mediante las últimas oposiciones celebradas en Cuba, una cátedra en la Universidad de las Villas. Al cabo pude regresar a la Habana, contratada por el Seminario de Folklore del Teatro Nacional para realizar una investigación sobre la vida de los esclavos en los barracones, y pasaba la mayor parte del tiempo en la Biblioteca Nacional. Severo partiría poco después, becado, hacia Europa.

No sabría decir hasta qué punto el autor de *Gestos* participó, además de conocerlas perfectamente, en las actividades otra vez subversivas (sólo que ahora de signo contrario), que se describen en esa novela, anacrónicamente mezcladas con hechos sucedidos durante la dictadura de Batista, tiempo de la acción. Yo por mi parte me vi envuelta en los sucesos del Carmen al visitar una casa cercana a la iglesia, de donde acababan de llevarse presos a todos sus ocupantes.

Un agente del temido G2 me siguió y se fue conmigo en autobús hasta Marianao. Al bajarme en la esquina de mi casa, me detuvo y me hizo volcar sobre la acera (como a una de las mujeres que viajan en el autobús con la dinamitera, en *Gestos*) todo el contenido de una jaba que traía en las manos. Fui a dormir esa noche al ya célebre G2 de Miramar, y allí estuve incomunicada medio día más, hasta que unos amigos notaron mi ausencia, averiguaron mi paradero, y a pesar de que ya no existía *habeas corpus*, pudieron rescatarme.

Otro hecho que debe haber sido decisivo en la resolución de Severo de no regresar a Cuba (como lo fue en mi propósito de salirme cuanto antes) fue la muerte de Escardó en un misterioso accidente, cuando se disponía a denunciar ante un congreso de escritores y artistas la índole totalitaria del castrismo. Decidimos exiliarnos porque no queríamos ningún tipo de complicidad con el sistema de muertes, represión y torturas que se había establecido. No volveríamos nunca a pisar tierra de Cuba mientras allí se alojara aquel monstruo.

Aunque el precio fuera, como ha sido, no volver a ver a nuestros seres queridos.

Cuando en diciembre de 1961 el dictador cubano anunció en televisión que él era marxista-leninista y lo sería, etc. ya yo había sido invitada, desde comienzos de ese año, al Primer Congreso Internacional de Hispanistas que se celebraría en Oxford, al año siguiente. O sea, que recibí la confirmación de lo que ya todo el mundo sabía con una gran tranquilidad de espíritu, porque tenía en mis manos la forma de evadirme.

Y así lo hice. Terminado el Congreso, pedí asilo político en Inglaterra. No me lo concedieron y encima me recordaron que mi visa se vencía y era deber de la Foreign Office ponerme en un avión de regreso a Cuba. Ni tonta ni perezosa crucé el Canal de la Mancha en uno de los botecitos que hacen la travesía desde Dover a Calais. Y ojos que te vieron ir.

Exiliados en París

Al llegar a París, tomé el metro y me dirigí a la Ciudad Universitaria, donde sabía que residía, en el pabellón británico precisamente, la escritora Estenia Catá, muy amiga de Severo y sabedora de sus vueltas. El principal problema, que era el techo, quedó resuelto, en cuanto nos comunicamos, porque Severo declaró que pagaría el alquiler de una habitación todo el tiempo que fuera necesario. Y le contó a Estenia la historia del libro de recortes que yo le había regalado, cuando llegó a la Habana, y que ahora le servía de pretexto para disimular su generosidad.

Otro escritor cubano, Sócrates Cobas, que había salido de Cuba cuando Batista, y tuvo el buen tino de no regresar, se encargó de acompañarme a realizar el papeleo necesario para que me convirtiera en residente de la Casa de los Estados Unidos. Cuba posee allí su propia *maison*, creada por Marta Abreu, pero el reglamento por el que se rige no admite mujeres solteras como residentes.

Ponernos Severo y yo al día fue cuestión de conversar horas y horas, a veces con intervalos de una semana, porque él estaba haciendo su tesis para la Escuela de Louvre, su carrera literaria comenzaba a subir como un meteoro, y no siempre podía disponer de tiempo libre. Así y todo me fue contando que, cuando les llegó a los becados la orden de regresar, él se había negado, aunque no tenía en perspectiva ningún ingreso fijo. Puesto ante la misma alternativa que Acosta León y Calvert Casey, de regresar o perecer, también Severo había pensado, como los otros, suicidarse. Acosta León se arrojó a las aguas del Golfo de México desde el barco en que lo regresaban a Cuba. Calvert, como ya he relatado en otro sitio, ingirió una dosis letal de barbitúricos en Roma. Pero al rescate de Severo vendría, como en un cuento de hadas, la persona indicada, en el momento preciso.

La noche en que había decidido echarse al Sena, con el último dinero que le quedaba, Severo se fue a cenar al mejor restaurante del momento, para afrontar el más allá en buen estado de ánimo. Y sucedió que, en una mesa cercana, se encontraba un señor francés, algo mayor que nuestro cubano, que lo miraba con insistencia. Hablaron y hablaron. Al hombre le pareció incongruente que alguien en plena juventud quisiera quitarse la vida, y quiso saber más. El hombre resultó ser un filósofo: François Wahl, amigo de otros filósofos, como Roland Barthes... Severo acababa de entrar en contacto, no con el lecho helado del Sena, sino con lo mejor del pensamiento francés.

Como mis movimientos estaban muy limitados, puedo asegurar sin exageración que casi todo el París que conocí, lo conocí de la mano de Severo, que, ahora graduado, trabajaba para el Louvre, adonde me llevó varias veces.

Por esa época se publicó por primera vez *Gestos*, pero yo sólo pude leerla algunos años más tarde. Estaba tan maltrecha con la separación de la patria y la familia, que apenas atendía a lo que me rodeaba y vivía en una especie de sopor. Trataba, sin embargo, en la medida de mis posibilidades ridículas, de ayudar a Severo en todo lo que podía, como revisar las traducciones con que a veces ganaba algún dinero extra.

Por supuesto que, nada más llegar, me había aplicado a la tarea de conseguir trabajo. Pero mi francés nunca les parecía suficientemente bueno. Además, el París de los años 60, lleno de simpatizantes del ser adueñado de Cuba, era un sitio sumamente hostil a los exiliados cubanos. Solicité un empleo en el Museo del Hombre, clasificando cuentos folklóricos, pero resultó que la persona a cargo era íntima amiga de los de Cuba, y me preguntó a boca de jarro que por qué no quería trabajar con gente tan encantadora. También solicité ayuda del Centro Nacional de la Investigación Científica (CNRS), a través de Marcel Bataillon, a quien había conocido en Inglaterra. Pero cuando por fin me llegó su respuesta afirmativa, ya había decidido trasladarme a España y hasta había comprado el boleto en tren.

¿De dónde salió el dinero? Sócrates, que me había mostrado el resto de París, me consiguió un trabajo a destajo en La Garden Party, la fiesta anual de los antiguos alumnos de la Ciudad Universitaria. Como no había límite de tiempo, trabajé entre dieciséis y dieciocho horas diarias (vivía allí mismo) y enseguida pude comprar una «cantina» como llaman los españoles a los baúles metálicos, y el pasaje a Madrid, vía Burgos.

Au revoir, mon cher

La comunicación con Severo, a pesar de la distancia, a pesar del tiempo, no se interrumpiría nunca. Entre mis pecados capitales se encuentra el de no gustarme escribir cartas. Pero afortunadamente ése no era el caso de este amigo. Conservo pocas de sus cartas, (aunque sí muchas de las bellas postales con que me bombardeaba desde todos los rincones del globo), porque nunca pensé que tendría que escribir póstumamente sobre Severo, cuando por lógica, debía haber sido a la inversa. Y porque alguna carta muy preciada, la confiaba a la memoria. Y alguna otra más preciada todavía, la llevaba siempre conmigo a todas partes... y se fue junto con el rosario de mi madre y la única fotografía de mi familia en el bolso que me arrebataron un día en las calles de Miami.

Recuerdo que a comienzos de los años 70, me escribió contándome que estaba muy deprimido, y que había dejado de publicar por algún tiempo. De esa depresión (que una amiga llamaba «crisis de crecimiento») saldría con un estilo aún más depurado, a colocarse ya en forma indubitable en primera fila de la narrativa contemporánea.

Fue a mediados de esa década que le envié el manuscrito de «Verba cubanorum», acerca del habla popular cubana y tal y como está reflejada en los relatos incluidos en *De donde son los cantantes*, pidiéndole que me definiera algunos términos relacionados con la historia del arte. Severo me envió las definiciones que le pedía (que son las que aparecen allí señaladas con SS) y me contó cómo había estado en la India, y le sorprendió a orillas del Ganges un 7 de septiembre, víspera de la Caridad del Cobre, patrona de Cuba, asimilada en el panteón yoruba a Ochún, diosa de los ríos. «No llevaba conmigo nada que ofrendarle, y entonces eché al agua tu manuscrito»...

Existían muchas otras formas de comunicarnos. Ya desde la Habana, a través de la gran pintora cubana Zilia Sánchez había yo conocido a una prima de Severo, Rosa María («Nenita») García Sarduy, que fue *dealer* de arte, propietaria de la Galería Sarduy de Nueva York, y reside actualmente en Miami. Ella nos informaba, a Gladys Zaldívar y a mí, acerca de Severo; enviaba algún recado; desde su casa llamábamos a París y por el estilo.

Pero existían también formas mágicas de comunicarnos, como cuando vivíamos en Maryland y yo trabajaba en Pensylvania, y una tarde, de regreso, irrumpió en la radio del automóvil la voz de Severo, en uno de los comentarios que hacía para la radiodifusión francesa, y que una emisora del Canadá retrasmitía.

Y existían sus obras, por supuesto, que llegaban religiosamente, según aparecían, con una nota, una tarjetita repleta de besos y abrazos. Severo me enviaba una compilación de rimas infantiles desde Buenos Aires, los poemas de Tsvietáieva desde Madrid. Si veía que me citaban en un libro al cual era muy difícil que yo tuviera acceso, también me lo enviaba enseguida, como sucedió con una preciosa edición en francés de Ecue-Yambá-O, que conservo.

Así, de este lado del Atlántico estábamos al tanto de todo lo que le interesara a Severo, de todo lo que producía. Aunque cada vez fueran menos directas las alusiones, siempre las recogíamos. Como la alusión a aquella noticia que, encontrándonos en distintas ciudades, y tal y como pudimos comprobar al cabo del tiempo, nos había horrorizado simultáneamente a María Luisa Ríos, a Gladys Zaldívar a Severo y a mí: la ocasión en que una golondrina guía perdió el rumbo y fue a estrellarse, con la totalidad de su bandada, contra el cristal de un rascacielo neoyorquino.

Una vez más

Contra toda probabilidad volvimos a vernos. Fue Nenita la que avisó que vendrían, y ni ella ni nosotras sospechábamos que ya estaba enfermo. Sólo después de su muerte cobrarían significación una neumonía que había sufrido en el año 90, y esta visita que en realidad era una despedida.

Llegaron tarde en la noche y cuando se fueron rayaba la madrugada. Hablamos y hablamos. Y también nos quedábamos mucho rato en silencio, estrechándonos las manos o diciendo las mil boberías que se dicen a las personas queridas. Severo nos explicó que venía a comprar un condominio en la playa porque quería pasar en Miami sus veranos. Y como nunca nos había mentido, no teníamos por qué poner en duda lo que decía. Su rostro estaba inflamado como por una alergia violenta. Articulaba el español con dificultad. Al cabo de tantos años franchuteando, era como si tuviera sobre las fauces una máscara de resonancia donde estallaban las consonantes más crueles.

Estaba lleno de planes. Pensaba comenzar en Gallimard una colección de autores cubanos. Quería reeditar *Firpo*, y editar *Cantata de las ruinas*, un sonetario de Gladys Zaldívar. *Cocuyo*, me dijo y me escribió luego, «es un desarrollo de *Firpo*». Evidentemente había girado sobre sí mismo y retomaba los comienzos. Hacia el recuento de lo vivido. Evaluaba.

A poco tiempo de regresar a París, nos enviaba un día la colosal *Corona de las frutas*, digna descendencia de *La baranda de oro*, de Gladys Zaldívar, con dibujos de Ramón Alejandro. Una edición limitada, exquisita. Cuando supimos el precio, lo sermoneamos por la extravagancia. Y nada más. A las siete de la mañana del día 8 de junio de 1993, entre sollozos, nos llamaba Nenita para dar la desoladora noticia de su muerte.

Miami, 25 de agosto de 1993

EL ESCRITOR SEVERO SARDUY

Gladys Zaldívar

I. La estética de la expansión

Con la muerte de Severo Sarduy en la distancia parisina, el pasado 3 de junio de este año, Cuba pierde una vez más la posibilidad de obtener un legítimo Nobel de Literatura. Antes que él, el premio pudieron haberlo obtenido Enrique Labrador Ruiz (1902-1991), el iniciador del llamado *boom* de la narrativa hispanoamericana; Alejo Carpentier (1904-1980) y José Lezama Lima (1912-1976), los más grandes representantes de la literatura neobarroca en la América hispanoparlante.

Esta legitimidad del reconocimiento a Sarduy se fundamenta, por supuesto, en su exitosa aventura en la expansión del barroco histórico.

La expansión se produce en la estética de Sarduy, al recoger en su escritura las convergencias posibles de distintas ramas de la cultura, como la lingüística, la cosmología, las artes plásticas, etc. porque son parte de un sistema de relaciones que se desprenden, a su vez, de un *corpus* primigenio.

Por ejemplo, Sarduy establece la conexión entre el significante/significado *barroco* y la serie fonológica de la escala vocálica que sitúa la *a,* la *e,* y la *o* en un grado de abertura mayor que el de las otras vocales, abertura que permite que el aire se expanda con menos obstáculo desde el pecho. El barroco para Sarduy es movimiento de fuerza expansiva como el aire y como él sigue un destino de posibilidades ilimitadas.

Así también Johannes Kepler (1571-1630), al demostrar que los planetas realizaban, no una órbita circular, sino elíptica, está formulando un concepto cosmológico de expansión que Sarduy interpreta como barroco y, por lo tanto, se hace eco de él y la integra a su *imago mundi.* Su obra, principalmente la poética, retoma la tradición barroca, es decir, los rasgos más definidores, como las fórmulas, A si no B, A si B, no B sino A, léxico arcaizante, cultismos, conceptos orientalistas, la parodización, y, a diferencia de la degradación grotesca típica del barroco como tal, Severo incorpora los conceptos lingüísticos de Mikhail Bakhtin (1895-1975) sobre la carnavalización en cuanto mezcla lo sublime y lo ridículo a fin de destronar la autoridad imperante. Y también, por supuesto, juega con otras formas como el calambur y la dilogía. De esta última existen muestras verdaderamente agraciadas: «Isabel la caótica» (*Big Bang 94*) y *«Juana la lógica»* (*Big Bang 95*).

Y, después de una asimilación monstruosa de todos los corolarios que se desprenden del razonamiento de que la realidad funciona de un modo expansivo, Sarduy incorpora en su literatura las técnicas del expresionismo abstracto a través del pintor americano Franz Kline (1910-1962), el arte caligráfico y de *collage* de Henri Matisse (1869-1954); experimenta seriamente con los postulados estructuralistas de Roland Barthes (1915-1980), Jacques Lacan (1901-1981), Julia Kristeva (1941) y otros, porque Sarduy concibe también esta filosofía del lenguaje, o esta lingüística antropológica y esta visión de la psicología como el desarrollo de estructuras primigenias, como parte del mismo régimen de leyes aplicable a la totalidad del cosmos. Su obra entera, pues, está fundada en un criterio epigonal, que toma el barroco histórico y lo expande, lo proyecta tan lejos de su propia órbita, que se asiste al nacimiento de otra estética denominada neobarroco.

El Sarduy universal es conocido; tal vez no tanto como debía serlo pero el Sarduy de la provincia sólo a través de las anécdotas biográficas, anamorfoseadas para hacer reír, que se encuentran en el volumen de crítica de la Editorial Fundamentos (Ríos 8).

II. La generación desplazada

Severo Sarduy (Camagüey, Cuba, 1937-París, Francia, 1993) pertenece a la cuarta generación de escritores cubanos de este siglo, es decir, aquella que comprende aproximadamente a los nacidos entre 1926 y 1941 (Lazo 40). Se trata de una generación que ya he denominado desplazada (*El Nuevo Herald*, 6-A). Surge en la revolución castrista de 1959, ya sea para exhibir positiva o negativamente su ideología, y se vuelve, por lo tanto, escritura política o politizada, o para entregar un texto nutrido de fuentes diversas, abierto en plena libertad de absorber cualquier proyecto artístico, y, dicho sea de paso, estas dos vertientes exhiben ejemplos de lo que T.S. Eliot denominó poesía menor y poesía mayor. Y el arte literario de Sarduy, que ha dado muestras de un nivel cualitativo inusitado, de verdadero acto prodigioso, constituye una de las escasísimas muestras de creación mayor que brinda el cuarto grupo generacional.

La separación telúrica y el enfrentamiento con las siempre amenazantes realidades foráneas son factores decisivos en el modo de expresión y en los elementos empleados para salvaguardar la identidad. Para Sarduy, al igual que para otros de su misma promoción, el lenguaje se torna apoyatura e instrumento para una preservación casi ontológica. Y es precisamente el alejamiento, el exilio físico que no renuncia a su permanencia dentro de otra cultura dominante el que comprende a cabalidad que toda continuidad con la tradición y, al mismo tiempo, toda capacidad reformadora radican en el campo común de la lengua.

La rama generacional que permanece dentro ha sido alienada, desplazada del centro en que se renueva esa continuidad con la tradición, y la que optó por el extrañamiento físico ha sido contaminada, desplazada de la oportunidad del *telos* donde reverdece esa tradición.

III. Los orígenes: El grupo Novación de Camagüey

La producción literaria de los inicios –poesía y prosa– de Severo Sarduy aparece publicada parcialmente en la *Colección de poetas de la ciudad de Camagüey* que prologa y edita Samuel Feijóo. «Fábulas», dividida en 15 partes, 10 poemas y 5 fragmentos de prosa, emerge del libro como una orquídea rara que evoca estructuras clásicas en medio de un contexto renovador. Describe poéticamente al Dios creador de todo lo conocido en el instante de dar nacimiento a la vida, su relación de ardiente fe con él: «Tu fuego, alegremente me consume» (Feijóo 55) y, por último, la evolución del texto hacia una nomenclatura en la que ya se entrelazaban la concepción budista del mundo como una ilusión y la existencialista que lo interpreta como un *reductio ad absurdum*. Texto cifrado que sólo entregaba su secreto a los que, con Sarduy, compartían lecturas que se volvían subversivas en el aire grávido de campanarios barrocos. Clara Niggemann (1910), la principal fundadora del grupo, pertenecía a la secta Rosacruz, hecho que influyó en el interés por las doctrinas esotéricas y Rolando Escardó (1925-1960), fundador clave también, realizaba ávidas búsquedas en las religiones orientales a través de los textos de Blavatsky, y en la librería Lavernia se reunían espontáneamente algunos de los miembros de Novación –entre los que yo me encontraba– a discutir las enseñanzas del último libro del *Mahatma* Krishnamurti orientados por Cuqui Lavernia, que se sentía, sin atreverse a formularlo, el discípulo del filósofo hindú.

De estos primeros diecinueve años de existencia en su ciudad natal no se airean recuerdos gratos. Deja constancia del sufrimiento, común denominador de los integrantes de este grupo generacional surgido después del de Orígenes, que insinuaba en la *Colección* la presencia de otra *weltanschauung* totalmente distinta a la de las promociones anteriores y mucho más amplia. Pero éramos aún neófitos y no podíamos contar ni con el respeto de la tercera generación –la que nos precedía y de la que era parte el grupo de Orígenes– ni con la aceptación de nuestros compañeros de estudios. Severo expresa el sentimiento que todos compartíamos: «Mis compañeros de bachillerato, con las excepciones que aún conservo entre mis amigos, una horda de tarados» (Ríos 9). Pero de toda su juventud camagüeyana se salva la *Colección*; la exalta amorosamente cuando califica el volumen de antología: «Con un tinajón en la portada y nuestros nombres se publicó una *Antología* que aún poseo y que releo de tiempo en tiempo sin desagrado» (Ríos 9).

El grupo contaba con una nómina de alrededor de 15 escritores y dos vehículos de expresión: la «Sección Poética» del periódico *El camagüeyano* (1953-1957)[*] y la «Página Dos» de *Prensa Libre* (1960-1961), y fue este grupo, representado principalmente por Rolando Escardó y su gran capacidad fundadora, el que organizó el Primer Encuentro Nacional de Poetas que se celebraría en Camagüey en 1960. Pero el grupo no pudo sobrevivir la violencia revolucionaria y fue disuelto arbitrariamente durante el Primer Congreso Nacional de Escritores y Artistas de Cuba al año siguiente.

Mientras Clara Niggemann, Rolando Escardó, Severo Sarduy y yo, entre otros, estábamos planeando la fundación del grupo Novación, nos reuníamos en la casa de Clara. Una vez constituido el círculo se

---

[*] *Se trata de fechas aproximadas que requerirían una investigación ulterior. Durante los primeros años de la revolución la hemeroteca y los archivos de El camagüeyano fueron destruidos.*

iniciaron serias tertulias que duraron entre 1953 y 1956 pero alternaron entonces los puntos de reunión entre la casa de Clara y la mía. Severo y yo discutíamos la necesidad de estudiar la contribución semita a la cultura española, la china a la cubana y la del Oriente a la humanidad en general si se aspiraba a una verdadera universalización de la literatura. Estudiábamos y comentábamos algunos escritores en lengua inglesa como Robert Frost, T.S. Eliot, Keats, Joyce, Donne, Blake, James y, por supuesto, a Rilke, en traducción del alemán al español –traducción de la que no nos fiábamos en absoluto Severo y yo– pero que se convirtió en lectura de cabecera para todos.

Después que Severo marcha a La Habana a estudiar medicina en 1956 nuestra comunicación se volvió irregular porque yo permanecí en Camagüey hasta 1961. El último contacto que recuerdo que hayamos tenido en nuestro país fue a consecuencia de la salida de un número de *Lunes de Revolución* dedicado a los escritores camagüeyanos el 19 de septiembre de 1960. Sólo conservo un deteriorado pedazo guardado en uno de mis álbumes que contiene los poemas míos que se publicaron en ese número. Hubiera querido conservar el número íntegro pero el suplemento, al igual que todos mis papeles, sufrió las pesquisas y censuras de correos y aeropuertos.

No vi a Severo entre los que hicimos guardias de honor ante el cadáver de Escardó ni entre los que acompañamos a pie el féretro hasta el cementerio de Camagüey. Pero Severo lo lloraba desde lejos y yo sentía que, de algún modo, estaba allí.

Cuando Novación desaparece en el mencionado congreso de 1961 a manos de uno de sus miembros que se autoadjudicó la autoridad para disolverlo, ya Severo estaba en París con una beca para estudiar arte en El Louvre. Admirables ojos de augur. Y Escardó había perecido en un accidente –que se produjo en circunstancias no muy claras– antes de poder participar en el Encuentro del 60.

Después de un breve período de publicaciones de literatura engavetada por años y de una verdadera eclosión de puestas en escena de obras teatrales que habían sufrido el mismo destino, comienza a develarse el verdadero programa de bridas y arreos para la cultura del país. Muchos desaparecieron totalmente de la escena literaria por razones diversas o entregaron su talento al servicio de la ideología marxista.

IV. Firpo onírico en un antro habanero

Severo había abandonado su ciudad natal en 1956 para estudiar medicina en La Habana. Pero allí desarrolló, al revés de lo que se esperaba, estrechos vínculos con las figuras más destacadas del mundo intelectual del país, especialmente con la «rama disidente» (Ríos 9) de Orígenes constituida principalmente por Virgilio Piñera (1914-1975) y José Rodríguez Feo (1920) con su revista literaria *Ciclón* (1955-1957 y 1959).

Algo de particular significación para la futura trayectoria narrativa de Sarduy había de ocurrir en 1957. Concepción Teresa Alzola publica un relato titulado *Firpo* en el que se entrelazan el legado expresionista de Strindberg, el surrealista de Breton y el mágico-realista que surge paralelamente con el de otros escritores hispanoamericanos como García Márquez o Elena Garro. Se trataba, por esta misma conjunción de ismos, de un texto sorprendente, inédito y avasallante dentro de la historia de la narrativa cubana. Y uno de los excepcionales talentos de la suficiente lucidez crítica para calibrar *Firpo* en su dimensión renovadora fue precisamente Severo Sarduy que escribió la solapa delantera del cuaderno con la alegría y el fervor de quien asiste el nacimiento de una verdad nueva.

La autora de *Firpo* realizaba su labor intelectual en un estudio que había alquilado en Miramar en una calle que terminaba en el balneario universitario. De las frecuentes visitas de Severo a ese lugar –al que por broma llamaban el Antro– surgió una amistad profunda entre él y Concha Alzola que no se interrumpió nunca. Pero ninguno de los dos sospechó entonces que con *Firpo* se había iniciado una genealogía arquetípica que aparecería más tarde en la estructura de *Colibrí* (1984) con sus capítulos en forma de escenas independientes y sus personajes, como por ejemplo La Dama, que no están concebidos como individuos sino como conceptos, ideas abstractas que tienen su origen en el embrague platónico del teatro calderoniano.

Esta genealogía se hace más transparente cuando publica *Cocuyo* (1990). La herencia «fírpica» asoma inclusive desde la primera página que contrastaremos con otra de la narración de Alzola:

> Sin levantarse del orinal, y agarrado de las asas, se deja rodar tinajón abajo [...] Las tres tías quedan tan alboroza-
> das con ese descenso como si hubieran visto un osezno

deslizarse en carriola por una pendiente enmarañada.
(*Cocuyo* 11-12)

Ya había recorrido más de la mitad de la estancia,
cuando, horror... Sintió que algo extraño le sucedía a su
vientre. Sí, qué duda cabía. Vaya a saberse si por efecto
retardado de la purga [...] Firpo había evacuado sus
intestinos completos al llegar junto a la Millonaria. (*Firpo*
IV)

Severo retoma el personaje indefenso de *Firpo* en el momento
de un gran miedo al enfretarse con figuras poderosas y autoritarias:
antes la Millonaria y ahora las tías. En Alzola se menciona sin más el
hecho de que Firpo «había vaciado sus intestinos completos» y en
Sarduy se produce una fiesta explosiva de heces fecales.

El mismo Severo, en una de las tantas tarjetas y cartas entraña-
bles que nos enviara a Concha y a mí desde cuanto lugar visitaba,
corroboró esta resonancia cuando escribió lacónicamente «*Firpo es
[sic] Cocuyo*» (París, 18 de Octubre de 1990). Al mes siguiente,
después de haber salido de un hospital en el que estuvo enfermo de
pleuresía y angustiado por la proximidad de la muerte, Severo nos hace
llegar otra tarjeta en la que insiste: «Fidelidad a Firpo, modelo de
Cocuyo» (París, 30 de noviembre de 1990). Quiso dejar constancia de
una de sus fuentes antes de marcharse para siempre, víctima del «mal»
(SIDA) que narra en su última novela *Pájaros en la playa* (1993).

Severo procede así como los grandes escritores de todos los
tiempos: se hace eco de una línea temática o de un enfoque novedoso
y los conduce hasta sus últimas consecuencias apoyándose en una
técnica de expansión que él relaciona con la teoría cosmogónica del
«big bang», nombre éste con el que bautiza la prosa poemática que
publicara en 1973.

V. Dolores Rondón en el Louvre

Sarduy llega a la Escuela de Louvre y a la de Altos Estudios de
la Sorbona en 1960 con el propósito, que cumple brillantemente hasta
la meta, de estudiar arte, becado por el gobierno de su país. El
conocimiento cabal que alcanza de las corrientes de la plástica, técnicas
y métodos de la crítica de arte, ejerce una influencia decisiva en su

concepción de la literatura. A esta influencia se añade la que revierte su activa colaboración con el grupo estructuralista francés y su órgano de difusión la revista *Tel Quel* (1965-1971).

París es el centro de la alta cultura, de todas las novedades y, sobre todo, de la libertad para experimentar. Sarduy es aceptado y se le permite participar en las élites de la avanzada cultural. Pero en la Ciudad-Luz ocurre también otro fenómeno más íntimo, el exilio, que deja en la obra de Sarduy una tensión dramática en negativo que se convierte, muy a la cubana, en risa o en sonrisa. Se trata de una nostalgia telúrica que enmascara con la intrascendencia, la antisolemnidad y el juego (Vitier 486). Por ejemplo, Dolores Rondón, mulata fatal, arquetípica, enmarcada en el siglo XIX de la ciudad colonial de Camagüey –sitio de nacimiento casi coetáneo mío y de Severo– y convertida ya en leyenda, aparece en la filosofía anaxagórica de la realidad que muestra su literatura. Esta filosofía –que consiste en creer que cada entidad o cosa contiene las partículas de todas y cada una de las cosas existentes– se halla, para citar sólo una instancia, en el jocoso comentario que hace durante su trabajo en El Louvre: «el peinado de la Dolores Rondón es el de Julia Titi, la hija de Tito, el emperador» (Ríos 10). Homenaje indirecto, además, a la leyenda telúrica de la patria chica en forma de juego desenfadado.

Dolores Rondón reaparece más tarde en una de las crónicas de la novela *De donde son los cantantes* (1967) y aquí de nuevo, pero en nivel literario, se vuelve a la leyenda para reconocerla en negativo: la muerte como gran colofón irónico de una existencia fallida, desengaño barroco que se inmortaliza en la décima lapidaria, su epitafio, que acompaña la tumba (décima que se reproducirá íntegramente más adelante al comentar los *Epitafios*).

Sarduy parodia la leyenda para mostrar a su vez la doble vacuidad del *sic transit gloria mundi* que encierra la temática de la décima dedicada a esta mujer, traída a la vida de nuevo, gracias a la magia de la ficción narrativa, al convertirla en personaje de una de sus novelas. La décima, sobre la que Sarduy hace variaciones en los *Epitafios*, se dedica a una mujer disuelta en un fracaso que alcanza dos niveles: el individual y el nacional.

Sarduy entrega su burlona reflexión sobre la muerte en el último manuscrito que llega hasta mis manos a través de Ediciones Universal. Está compuesto por siete décimas con el título de *Epitafios*; once liras agrupadas bajo el nombre de *Imitación* y ocho piezas de prosa, *Aforismos,* que completan la escritura póstuma de Sarduy.

He preferido analizar lo que de poesía ha legado Sarduy a la literatura universal y a la cubana en particular, con exclusión de los *Aforismos,* que constituyen también otro legado de evidente valor, pero escritos en prosa. De modo que analizaré los textos poemáticos en el mismo orden en que aparecen publicados aquí, o sea, *Epitafios e Imitación.*

VI. En el cielo de Dolores Rondón y el ángel de la jiribilla

Los siete epitafios, escritos dentro de una de las estrofas más ampliamente usadas en el Siglo de Oro, la décima, (Navarro Tomás 268-269) cifran una actitud ante la muerte afín con la de Góngora y Quevedo en cuanto al carácter irreligioso y carente del respeto tradicional hacia el tópico que muestran las décimas.

A pesar de la brevedad del texto se detectan riqueza y variedad conformadas por una estructura bipartita y por fuentes que provienen del trasfondo hispánico general y del cubano en particular.

La estructura refleja una división en la que las décimas I, II y V se agrupan por un hablante poético en tercera persona que tienen como tema central el difunto y la muerte; y las numeradas III, IV, VI y VII sirven a un hablante en primera persona, el difunto, refiriéndose a sí mismo, a la muerte como tal y a su propio velorio. Se produce así un juego inusitado en el que el fallecido interviene en su propio epitafio paralelamente con el narrador omnisciente, vestido con el disfraz del anonimato.

Las rimas constituyen un verdadero festín de sonoridades que recorre toda la escala de vocales fuertes, a-e-o y algunos de sus posibles diptongos, aa, ao, ea, ee, eo, oa, oe, oo y también la de las débiles i-u en las combinaciones ia, io y ua. En breve espacio textual Sarduy ha desplegado dominio de la décima que, dicho sea de paso, es el metro de más teluricidad en su país nativo, Cuba, y conocimiento pleno de la acentuación melodiosa.

La herencia barroca es retomada o, mejor dicho, renovada cuando elige a un tipo popular, el marica, –a diferencia, por ejemplo, de la alcahueta, de tantas instancias en los clásicos, y lo hace el sujeto del epitafio. No lo emplea para moralizar, como era de uso en Lope de Vega y en otros poetas de la época, sino para dejar constancia de un modo ingrávido de contemplar la muerte, intrascendente, con ausencia de toda solemnidad o de preocupación metafísica, modo que constituye uno de los rasgos cubanos (Vitier 485) de la obra de Sarduy.

Si se exceptúa de los epitafios la concepción de la muerte como una deidad, («Decreto/de una deidad rezagada/que se vengó.»), *personificatio* mitológica de gran predilección en la retórica barroca, y la imagen «un coágulo por camisa», las décimas se deslizan prácticamente sin tratamiento metafórico. La poetización se realiza mediante giros sintácticos gongorinos A si no B («para aplacar a los dioses/ausentes, si no feroces»), por el adjetivo metonímico (Alazraki 176-179) «vértebra jocosa» y por el contraste entre el aire arqueológico de la décima y la índole contemporánea que imprime el recurso de la intertextualidad cuando inserta el título de un danzón de Eliseo Grenet (1893-1950) titulado «Si muero en la carretera» en el séptimo epitafio.

Intertextualidad también en una línea de una guaracha cubana, «el muerto se fue de rumba». Y esta rumba, alegre y sensual por definición, sirve de balance y contrapeso a las alusiones de la danza medieval de la muerte, «Qué atrevida/la osamenta que convida/a su manera a danzar!», siempre dramáticamente seria y atemorizante. Es evidente que esta supervivencia de las danzas de la muerte en los epitafios carece también de los atributos originales y se vuelve jocosa y satírica a la manera barroca y, por extensión, a la manera cubana.

En esta no danza sino rumba de la muerte son de esperar las referencias a orquestas popularísimas en Cuba, «Ni lamentos en exceso,/ni Bach; música ligera:/*La Sonora Matancera*» y, por supuesto a una de las formas musicales básicas cubanas, el son, polirrítmico y de marcado tono sensual, «y haya son en mi velorio». Y del texto de danzón ya mencionado.

Las décimas están recorridas de costumbrismo, «Que den guayaba con queso» (en el velatorio); «un trago de ron peleón»; creencias sincréticas populares, «un buen despojo, una misa»; cubanismos, «apolismada» (también se emplea en Panamá y Puerto Rico; en español peninsular es aporismar, o sea, magullarse, ulcerarse; es un término de cirugía, *Diccionario de la Real Academia Española de la Lengua,* 1992); un andalucismo cubanizado, «ángel de la *jiribilla*» (Donaire. Similar a lo que los españoles denominan «salero» –Marinello 27). Ha perdido hoy en día esa acepción ya que a los niños intranquilos se les dice que tienen «jiribilla».

76

Los epitafios son autobiográficos ya que fueron escritos «en un balance prepóstumo», es decir, después de conocer el fatídico diagnóstico del SIDA y de padecer sus síntomas degenerativos. La cuarteta con la que empieza el epitafio I contiene una biografía sintética y una dilogía en el adjetivo severo, que es también enseriado, con la gravedad de la muerte y, además, su primer nombre. Sarduy, en ese postrer acto literario que constituyen los epitafios, trata de volver a sus orígenes telúricos al vincular la décima IV con esa otra que apareció en el cementerio de la ciudad natal de Severo, Camagüey, justamente un siglo antes, en 1883. Ya Sarduy había convertido prefigurativamente el ente real, Dolores Rondón, en ente de ficción con el mismo nombre en uno de los capítulos de *De donde son los cantantes* (1967). Pero, a cien años exactos de esa décima, que mantiene aún del barroco el tono moralizador, el desengaño y una ironía levemente burlona, aparece la de Sarduy desenfadada, que no sermonea pero que expresa su cólera ante la muerte –a la que concibe como la venganza de alguna deidad– y su deseo explícito de hermanarse con Dolores Rondón, es decir, de volverse leyenda y alcanzar así una de las formas de la inmortalidad. Consolación laica, irreligiosa. Citaré los textos de ambos epitafios:

Aquí Dolores Rondón
Finalizó su carrera.
Ven Mortal y considera
Las grandezas cuáles son:
El orgullo y presunción,
La opulencia y el poder,
Todo llega a fenecer
Pues sólo se inmortaliza
El mal que se economiza
Y el bien que se puede hacer. (Marrero 26)

Un epitafio discreto
pero burlón nos hermana
ante la nada cercana
que ya no tiene secreto
para nosotros. Decreto
de una deidad rezagada

que se vengó. Apolismada
quedarás, vuelta ceniza;
un coágulo por camisa:
muerta pero no olvidada.

Cuando se comparan las rimas de los epitafios (v. supra) con las de «Dolores Rondón», de autor anónimo, aflora un nuevo recurso, el de variaciones, en torno a la décima original. Por ejemplo, la de Dolores Rondón, se rima así: é, ea, ó, ia, las de Severo, de más rica gama, contienen también é, ea, ó y ia. Obvia intención de continuar un legado pero de expandirlo de acuerdo con la teoría cosmogónica de la explosión contenida en *Big Bang* y que Severo explica en los textos en prosa, que expande con poemas, con el mismo título, en 1973 y, más tarde, en el volumen de ensayos, *Barroco* de 1974.

Cabría preguntarse, para concluir, si el hecho de haber legado siete décimas y no ocho o diez o cualquier otro número es accidental o se debe a un propósito determinado. No podría aclararse esto con precisión; no obstante, al repasar los valores simbólicos del siete, emergen dos (entre muchísimos otros) que encajan bien dentro del ámbito de concepción y actitud ante la muerte de los epitafios: es símbolo de la vida eterna y de la gracia (Pérez Rioja 387).

Sarduy es fiel a su visión neobarroca de la vida, la literatura y la muerte en los epitafios. Es decir, es fiel a una tradición expandida, que llega a sobrepasar brillantemente. Pero lo conmovedor siempre radica en su fidelidad al patrimonio telúrico –en este caso la «Dolores Rondón»– al colocar su muerte anaxagóricamente dentro de una particularidad que es parte de un *corpus* mayor del universo y, por lo tanto, eterno.

VII. *Imitación* a San Juan: el texto transgredido

La cita de los versículos de la estrofa 26 del *Cántico espiritual* de San Juan de la Cruz (la estrofa procede del manuscrito de Jaén, identificado como CB entre los especialistas) sitúa las once liras, de rima aconsonantada aBabB, que integran el texto de *Imitación*, dentro de un marco de abierto y definido erotismo. Sólo que en el *Cántico* el camino hacia el encuentro con el amante hasta el logro de la fusión erótica con él está construído a base de un lenguaje figurativo donde se conforma un área de significados que, alejada de su primer contenido semántico, plasma la alegoría, procedimiento retórico al que se recurre para expresar una unión –la del alma con Dios– que no es de índole física sino espiritual. El gran místico español trata de expresar el carácter intangible del amor divino valiéndose básicamente de la tradición clásica (Virgilio), la culta (Garcilaso, Boscán, Fray Luis), la bíblica (*Cantar de los cantares*) y la popular con todo su rico bagaje de léxico y de habla. Y estas tradiciones, especialmente la bíblica, expresan el amor divino a lo carnal o a lo terreno pese a todas las interpretaciones teológicas de los comentaristas.

San Juan acudió a la herencia cultural que lo había precedido. Declaró, como hace Sarduy indirectamente con el título, que había «imitado» la égloga bucólica garcilasiana. Por supuesto, esta afirmación de modestia no es enteramente cierta ya que, entre las excelencias estilísticas señaladas por sus exégetas, habría que señalar, por relacionarse con la *Imitación,* el cambio del fastuoso decorado oriental del *Cantar de los cantares* por el ambiente natural, pastoril que exhibe el *Cántico.*

La *Imitación* de Sarduy, mucho más breve, consta de once liras, es decir, casi la tercera parte del *Cántico* (CB), que está integrado por 40. El lenguaje de Sarduy está entrelazado de sintagmas que remedan el estilo del renacimiento. Pero, a diferencia del texto sanjuanino o de sus afluentes, hay carencia casi absoluta de paisaje ya sea de campo o de ciudad. Aunque sólo se reproduce la tercera lira, esta total ausencia de ambiente o decorados ocurre en las once estrofas:

> Logrado su disfrute,
> aceza el deseoso y desfallece;
> que un testigo lo escrute
> si otro lo compadece
> cuando finge que añora y que perece.

Esta lira, conceptista como el resto, muestra un lenguaje lógico y racional, pero con una referencia a la realidad del significado que resulta evasiva, velada. No se trata de un lenguaje figurado a la manera del modelo, ni del metafórico, común a tantos autores de este siglo, sino de un lenguaje enigmático, que «narra» una situación con agilidad, sin rodeos, pero que, al mismo tiempo, carece de detalles. Se ilumina barrocamente una parte de la realidad pero la otra permanece en penumbras. Ha aplicado la técnica plástica del claroscuro a la poesía. Véanse las liras cinco y nueve, citadas en el mismo orden:

> El *ámbar* que me baña
> opaca transparencia que espejea,
> no macula ni daña.
> Lo que más se desea:
> que el ser de su retiro escape, y sea.
>
> Ya nada me intimida:
> *llaga* ni lancinante quemadura,
> ni a mi tacto convida
> la tersa vestidura
> porque sé que es irreal y que no dura.

(Ambas cursivas son mías)

En el texto de Sarduy se emplean dos sustantivos, «ámbar» y «llaga», deliberadamente extraídos del *Cántico* e incorporados a *Imitación* en la quinta y la novena estrofas citadas.

El hablante declara que está cubierto por ámbar, es decir, por esa resina fósil que arde con facilidad, en la quinta estrofa. Empleo figurado que indica disponibilidad a la pasión carnal, de naturaleza inocente ya que no macula (en el sentido espiritual) ni daña (en ambos sentidos, espiritual y físico).

En la quinta lira ya el hablante expresa estar más allá del miedo a la llaga o a la quemadura (a la herida del amor, sea a la carne o a los sentimientos) porque «la tersa vestidura», es decir, perífrasis que alude a la piel, «es irreal y que no dura». De nuevo el concepto barroco de la vida como sueño transitorio y, en este caso, el desengaño ante lo perecedero de la carne y de la vida.

Pero Sarduy emplea el sustantivo con un valor embellecedor o puramente lírico. Por ejemplo, *Imitación,* abre con una lira que comienza con la palabra «médula»; la cuarta lira inicia su despliegue en el texto con «bálsamo» y la quinta con «ámbar», cuyo empleo metafórico ya se ha analizado anteriormente. La penúltima contiene «músculo». Cuatro de las once liras muestran la innegable calidad sonora que proveen las esdrújulas. Existen, además, como hubo de señalarse, sustantivos de abolengo lírico: «presencia» en la cuarta lira,

80

«transparencia» en la quinta; «alba» en la sexta; «luz» en la octava y «desvelo» en la oncena. Cumple de este modo Sarduy, no sólo con la fidelidad que se espera al estilo del Siglo de Oro, sino con su concepto exaltado de la relación erótica.

La *Imitación* arroja también el empleo de verbos con función estética. La primera lira rompe hermosamente con «Médula que florece», tropo que sufiere una especie de reverdecer en la muerte que todos llevamos dentro en el eje y apoyo del esqueleto que nos sostiene. En la segunda aparece «lo que tanto mi sed *encarecía*», necesidad del contacto erótico que el verbo se encarga de elevar. En la cuarta, después de haber logrado el encuentro sexual, el hablante declara que «En todo lo que *fluya*/acecho quedará y presencia tuya», es decir, la humedad sexual que viene a sustituir la fuente mística de la fe, paso previo a la unión con la divinidad. En la sexta el verso se ennoblece con el verbo fulgurar, registrado como cultismo gongorino: «cuando el alba *fulgura*». Tal y como ocurre en la mística, el arribo del día constituye la penetración de la luz, la unión y fusión con el ser amado. En el texto de Sarduy el verbo fulgurar enfatiza el arribo de una luz en el momento de una penetración que es de índole sexual: «y penetrando atizas/cuando el alba fulgura/lo que no cicatriza ni sutura».

Sarduy siempre da acceso en su literatura a la participación del habla popular (Alzola, «Verba cubanorum», 80-81) y es así como en esta misma sexta estrofa surge una graciosa frase de tiempo proverbial (Alzola *ms*) que indica velocidad y sutileza en la acción:

> *En menos* te deslizas
> *de lo que canta un gallo* con premura,
> y penetrando atizas
> cuando el alba fulgura
> lo que no cicatriza ni sutura.

Sarduy emplea en la *Imitación* el epíteto antepuesto, significante de un análisis afectivo que constituye, por lo demás, un procedimiento favorecido en la corriente garcilasiana (Alonso 143). Nótense estos ejemplos: «*opaca* transparencia» (quinta lira), sintagma que toca bellamente los límites del oxímoron; «*lancinante* quemadura» y «*tersa* vestidura» (novena lira). Sería conveniente aclarar ahora que en el epíteto garcilasiano las cualidades que se expresan son, por lo general, inherentes al sustantivo y, sin embargo, de los tres antepuestos que se

81

detectan en el texto de Sarduy, sólo uno, «lancinante», podría ser considerado en realidad como una característica inherente de quemadura. Diríase, pués, que un escritor de la modernidad (futuridad se ajusta mejor) de Sarduy sólo puede retrotraer con validez un estilo del siglo XVI si recoge también los cambios estéticos operados desde entonces hasta nuestros días y los mezcla artísticamente en la misma área textual. Y es esto precisamente lo que el poeta cubano hace.

La adjetivación del texto de Sarduy está balanceada ya que incluye otros tres epítetos, esta vez pospuestos, que ostentan, a la manera de San Juan, un valor sintético ya que no muestran cualidades inherentes del sustantivo. De la segunda estrofa se extrae un sintagma que exhibe novedosamente un contenido sexual: «cerveza *trabajada* en mi fluía». Adjetivo verbal que reemplaza espumoso. En la séptima aparecen «Lacre rojo» y «sangre cifrada» que revelan la consecuencia de un acto sexual marcado fatalmente: «La muerte que conjura/en tu fuerza se funda y configura». De ambos adjetivos «rojo», aunque no es cualidad inherente del lacre, no es aportador más que como imagen que se refiere a la sangre. En «cifrada» se centra hermosamente el carácter indeleble que el hablante quiere otorgarle a la pasión erótica. Y la viste de belleza barroca con la metáfora mitológica: «de tu cuerpo la fuerte lluvia de oro».

La oncena y última lira constituye un epifonema en el que el hablante suplica al ser amado la continuidad de esa relación carnal, elevada a tema supremo ya que es, de acuerdo con lo que expresa, fin último y cielo verdadero.

Si San Juan concibió lo erótico como técnica y vehículo para hacer comprender lo divino, Sarduy, en la *Imitación*, elimina el plano abstracto de lo divino y convierte lo erótico en medio y fin en sí mismo. Se trata de lo erótico en plena desnudez laica cuyo enfoque constituye a la vez una reinterpretación de la lírica sanjuanina. Nueva mística de la carne, *Imitación* se nutre de las mismas fuentes eróticas orientales –que también integran la tradición hispánica– y las libera del ascetismo cristiano en una sorprendente transgresión en reverso del texto de San Juan, barroquización de la mística.

Miami, 4 de diciembre de 1993

Bibliografía consultada

Alazraki, Jaime. *La prosa narrativa de Jorge Luis Borges.* Madrid: Editorial Gredos, S.A., 1968.

Alonso, Dámaso. *La poesía de San Juan de la Cruz (Desde esta ladera).* 3ra. ed. Madrid: Aguilar, 1958.

Alzola, Teresa [Concepción]. *Firpo.* Marianao: Empresa Editora El Sol, 1957.

---------------. «Verba cubanorum. El habla popular cubana en *De donde son los cantantes.*» *Cinco aproximaciones a la narrativa.* Gladys Zaldívar, ed. Madrid: Playor, 1977.

Feijóo, Samuel, ed. *Colección de poetas de la ciudad de Camagüey.* La Habana: Ediciones del Grupo Yarabey, 1958.

Lazo, Raimundo. *La literatura cubana. Esquema histórico desde sus orígenes hasta 1964.* México: Universidad Nacional Autónoma de México, 1965.

Marrero, Abel. *Tradiciones camagüeyanas.* Camagüey, Cuba: Librería Lavernia, 1960.

Navarro Tomás, Tomás. *Métrica española.* Barcelona: Labor, S.A., 1986.

Pérez-Rioja, José Antonio. *Diccionario de símbolos y mitos.* Madrid: Tecnos, S.A., 1980.

Ríos, Julián, ed. et al. *Severo Sarduy.* Madrid: Editorial Fundamentos, 1976.

Sarduy, Severo. *Barroco.* Buenos Aires: Editorial Sudamericana, 1974.

------------------. *Big bang.* Barcelona: Tusquets Editor, 1974.

------------------. *Cocuyo.* Barcelona: Tusquets Editores, 1990.

------------------. *Colibrí.* Bogotá: Editorial La oveja negra, 1985.

------------------. *De donde son los cantantes.* México: Joaquín Mortiz, 1970.

------------------. *Pájaros en la playa.* Barcelona: Tusquets Editores, 1993.

Vitier, Cintio. *Lo cubano en la poesía.* Santa Clara, Cuba: Universidad Central de las Villas, 1958.

Zaldívar, Gladys. «*Ultimo vuelo de Cocuyo*». *El Nuevo Herald* 21 de Junio, 1993.

Sobre las autoras de los estudios acerca de Severo Sarduy:

Concepción Teresa Alzola, escritora y folklorista, graduada de la Universidad de La Habana, ex Profesora de la Universidad Central de Las Villas, ex Consejera Asesora del Instituto Nacional Cubano de Etnología y Folklore. Fue también Asesora de Folklore del Guiñol Nacional de Cuba. Autora de *Refranero familiar* (1987); «Aportaciones a un léxico circuncaribe» (1982); *El léxico de la marinería en el habla popular de Cuba* (1981); «Verba cubanorum: El habla popular de Cuba en *De donde son los cantantes* de Severo Sarduy» (1977); *La más fermosa, leyendas de Cuba* (1975); «Algunas prácticas y creencias relacionadas con la infancia en Cuba»(1968); «Fórmulas cubanas de tratamiento» (1968); *Folklore del niño cubano*, tomos I y II (1961 y 1962); «Habla popular cubana» (1962); *Mariquita, la Linda y Mariquita, la Fea* (1961); *Cuentos populares infantiles* (1955), entre otras publicaciones. Su obra narrativa publicada comprende: *Las conversaciones y los días* (1979); *Firpo* (1975) y varios cuentos recogidos en antologías.

Gladys Zaldívar, poeta y ensayista, graduada de la Universidad de Maryland con especialización en literaturas hispánicas. Su obra poética publicada incluye *Viene el asedio* (1987); *La baranda de oro* (1981); *Zéjeles para el clavel* (1980); *Fabulación de Eneas* (1979) y *El visitante* (1971), así como producciones incluidas en diversas antologías. Sus primeros poemas se recogieron en la *Colección de poetas de la ciudad de Camagüey* (1958), junto a los de Severo Sarduy y a su vez *Lunes de Revolución* (1960) publicó simultáneamente poemas de ambos autores. Entre los ensayos publicados por Gladys Zaldívar se encuentran: «De la lírica a la *poiesis* en tres sonetos de Julián del Casal» (1994); «La fabulación poética de los *Cuentos negros de Cuba*» (1987); «En torno a la poética de Mariano Brull» (1981); *Homenaje a Gertrudis Gómez de Avellaneda* (1981), en cuyos prólogos coinciden de nuevo Zaldívar y Sarduy; «El arte narrativo de Eliseo Diego en *Divertimentos y Versiones*» (1977); «Cifra de Paradiso» (1977) y *En la puerta dorada* (1973), poemario de Clara Niggeman, en el que también aparecen dos breves estudios de Zaldívar y Sarduy, sobre esta poetisa.

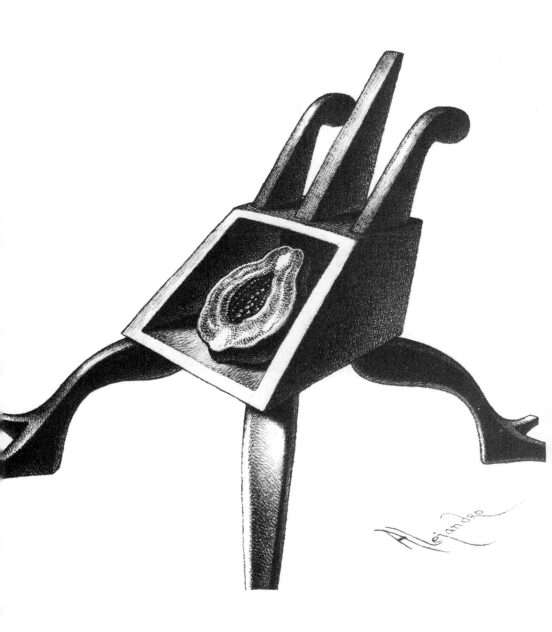

Libros publicados en la COLECCIÓN CLÁSICOS CUBANOS:

COLECCION ESPEJO DE PACIENCIA (POESIAS)

CUBANACAN (DECIMAS CUBANAS), Jorge Alberto Riopedre
EL CORAZON CON QUE VIVO, Armando Valladares
POEMA DEL PARQUE, José Sánchez-Boudy
SEPARADOS POR LA ESPUMA, Lillian Bertot
CUBA AND HER POETS(THE POEMS OF JOSE SANCHEZ-BOUDY),
Woodrow W. Moore
ESA PALABRA, Ruben Darío Rumbaut
CON MENEO Y GUAGUANCO, José M. Sánchez-Priede
POESIAS DE LUCILA E AZCUY, Lucila E. Azcuy Alcalde
PECADORA, Olga Rosado
CIEN POESIAS DE SARAH WEKSELBAUM LUSKI
ENTRESEMAFOROS (poemas escritos en ruta), Uva Clavijo
TRES GOLDARAS EN LA POESIA DEL SIGLO XX,
José López Goldarás, José Raúl Goldarás, Roberto L. Goldarás
USA, TIERRA CONDENADA, Alberto Muller
UNA ISLA, LA MAS BELLA, Nieves del Rosario Márquez
RAICES Y ALAS, Nieves del Rosario Márquez
VOLVER..., María Gómez Carbonell
MARIA -CUANDO LA MUERTE CANTA-, Luis Conte Aguero
DE NUNCA A SIEMPRE (poemas), Omar Torres
DULCAMARA (BITTERSWEET), Ninoska Pérez Castellon
MI BARRIO Y MI ESQUINA, José Sánchez-Boudy
¡MAMI! CUANTO TE QUIERO, P. Fernando López S.J.
ESTA MUJER...., Luis Mario
VOCES EN EL DESIERTO, Luis Zalamea
CONTIGO, Betty Alexandria
SUEÑO (RIMAS AL RECUERDO), Myriam Y. Aguiar
SHADOWS IN THE SUN, Patricia Cruzet Florit
DISTANCIA DE UN ESPACIO PROMETIDO, Mary Calleiro
DHARMA, Roberto Valero
TUS OJOS CUBA:SOSIEGO,VIENTO,OLA, José Sánchez-Boudy
PREGONES, José Sánchez-Boudy
TUS OJOS Y YO, Uva Clavijo
RIOS Y PALMAS, Oscar Pérez Moro
SANGRE BAJO LAS BANDERAS, Enrique Joaquín Piedra
LA PSIQUIS - LA HOZ, Enrique St. John Troya
TIERRA METALIZADA, Alberto Muller
AMOR SIN FRONTERAS, Tirso R. Herrera
¡SALVE AMERICA!, José Raul Goldarás
¡HAIL AMERICA!, José Raul Goldarás
AGUA Y ESPEJOS (IMAGENES), Amelia del Castillo
HASTA QUE EL TIEMPO ESTALLE (POESIAS), Juan Martín
MISCELANEAS CAMPESINAS, Oscar Guerra
PATRIOTICAS, José Sánchez-Boudy
DIARIO DE UN CARACOL, Mercedes Arés
DOS DECADAS, Olga Rosado
CALENDARIO SOLEDA - GUAYABA Y LATIGO, José Sánchez-Boudy
LIRA CRIOLLA, Oscar Pérez Moro